Luna Bernarda Victoria Bechtel

Mondschein

Poesie

Bibliografische Information der Deutschen Nationalbibliothek:
Die Deutsche Nationalbibliothek verzeichnet diese Publikation in
der Deutschen Nationalbibliografie; detaillierte bibliografische
Daten sind im Internet über dnb.dnb.de abrufbar.

Herstellung und Verlag: BoD – Books on Demand, Norderstedt

ISBN: 978-3-7526-6782-0

Nachweis:

Seite 78:
„Euphorie" beim Online-Wörterbuch Wortbedeutung.info (Stand: 9.12.2020)
URL: https://www.wortbedeutung.info/Euphorie/

Luna Bernarda Victoria Bechtel

Mondschein

Mit Illustrationen von
Stella Roberta Valentina Bechtel

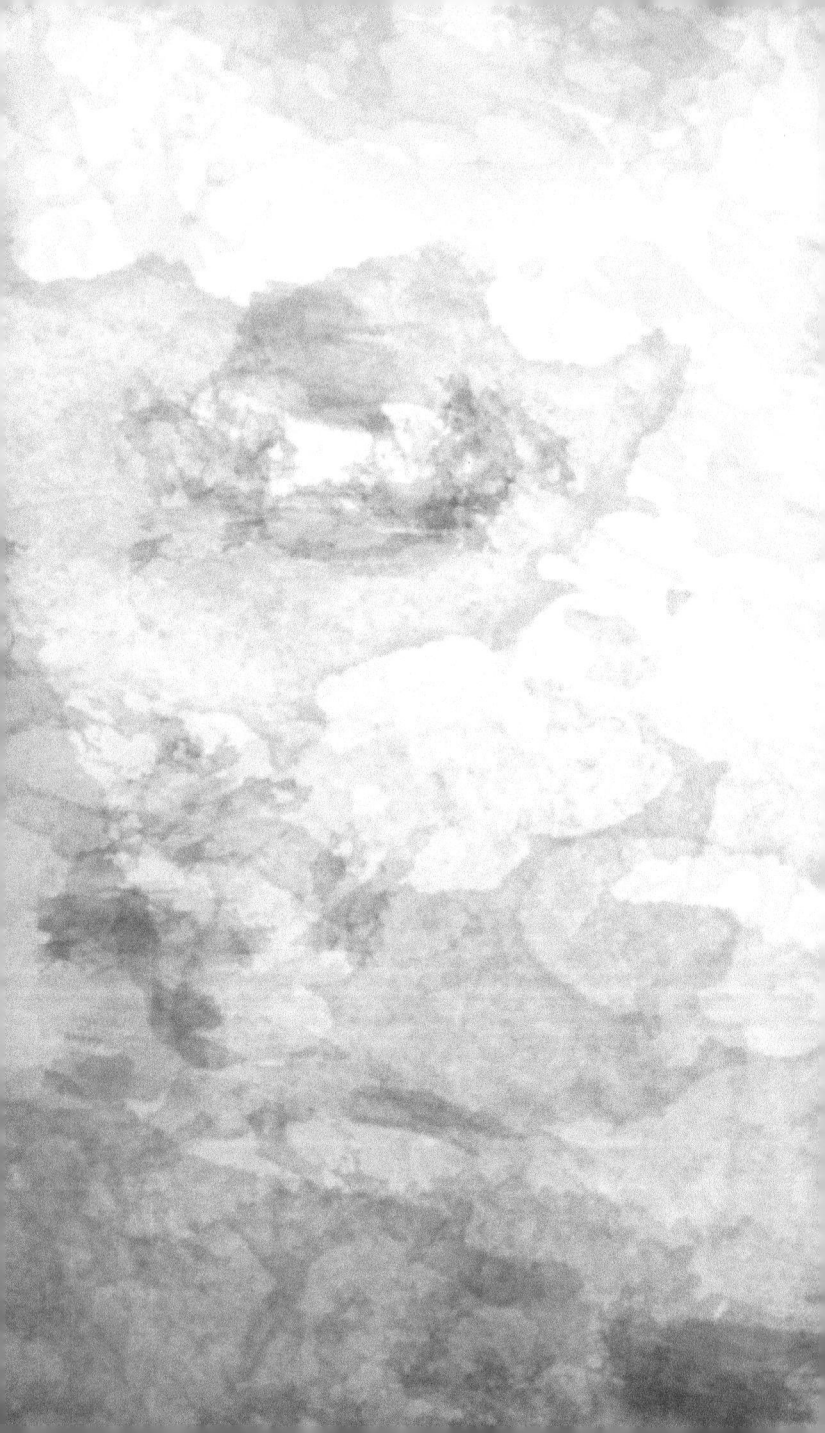

Widmung

Dieses Buch widme ich Dir

und

Deinem Herzen,
mit all' den nächtlichen Sorgen und Ängsten.

Deinem Herzen,
mit all' der täglichen bedingungslosen Liebe.

Bleib stark, halte durch und gib auf Dich acht.

Hör auf Dein Herz – ich wünsche mir, dass es ewig lacht.

INHALT

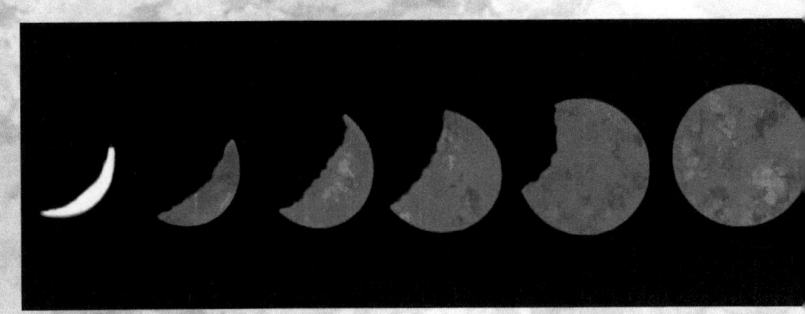

I. SICHTBLOCKADE OHNE WIDERSTAND

I. SICHTBLOCKADE OHNE WIDERSTAND

Hast du dir die Welt schon mal angeschaut?

Ich meine:
Hast du sie dir wirklich schon mal so richtig angeschaut?

Alles kann so wunderschön aussehen.
Aus dem richtigen Winkel
und mit dem richtigen Blick.

Zeigst du mir,
      wie du die Welt mit deinen Augen siehst?
Zeigst du mir,
      wie du die Welt mit deinen Händen spürst?
Zeigst du mir,
      wie du die Welt mit deinem Herzen fühlst?

Teilst du mit mir deine düstersten Phasen?

Teilst du mit mir deine noch so kalten Tage?

Teilst du mit mir deine angstvollen Gedanken?

Im Gegenzug zeige ich dir meine Welt.

Meine Welt – voller perfekt unperfekten Phasen.
Meine Welt – voller bunten farblosen Tagen.
Meine Welt – voller visionären Heldentaten.

Meine Welt, die deiner in allen Bereichen gleicht.

Der einzige Unterschied:
Du machst dir Sorgen, dass deine nicht reicht.

Doch was, wenn ich dir sage:
Alles kann so wunderschön aussehen.
Aus dem richtigen Winkel
und mit dem richtigen Blick.

Probiere es aus und bitte verrate mir danach:
Sieht die Welt nun aus, wie ich dir versprach?

Stimmt sie mit deinen Träumen nicht mehr überein -
so lass sie uns auseinandernehmen,
alle Teile wie wild durcheinander drehen
und immer wieder neu zusammennähen.
- Bis sie dir gefällt.

Ich sehe den Tornado unter mir toben,
bin noch immer nicht hoch genug -
will weiter nach oben, oben, oben.
Erblicke die Ameisen am Boden
oder doch nur Menschen,
die wie Ameisen arbeiten?

> Ich weiß es nicht,
> denn ich bin nicht die
> und habe auch noch nie dazugehört.
> Bin nicht in der Lage zu funktionieren,
> wenn jemand jemanden zerstört.
> Konnte es noch nie ertragen,
> denn das Glück ist doch für alle da -
> bei vielen wahrscheinlich viel zu nah,
> dass sie es erst gar nicht zu sehen wagen.

Vielleicht gehörst auch du dazu?
Musst dich mit der Welt ein wenig drehen.
Breitest deine Arme aus
und gehst einen Schritt voraus.
Lässt die Sorgen und Ängste links liegen -
denn du weißt:
die Welt ist groß
und ich weiß:
du bist es auch.

Deshalb werde ich kämpfen und jeden Schritt wagen.
All' den Schmerz, den du erleidest,
werde ich mit dir zusammen tragen.

Komm, noch ein Schritt.

Nur noch ein Schritt - denn glaubst du mir?

Alles kann so wunderschön aussehen.
Aus dem richtigen Winkel
und mit dem richtigen Blick.

So zeig mir deine Narben,
               die noch niemand kennt.

Erzähl mir alles,
               wonach sonst keiner fragt.

Vertraue mir,
               wenn ich dir sage, dass ich für immer bleibe.

Denn ich halte mich gerne bei Menschen auf,
die nicht wissen, wo ihr nächster Weg sie hinführt.

Ich war einer von ihnen
und weiß viel zu gut,
wie sie sich fühlen
und was sie dabei spüren.

Wir setzen uns eigene Blockaden.
Köpfe, die wir mit Widerständen beladen.
Finden keinen Platz für neue Träume -
haben sowieso keine Räume,
in denen wir nur einmal an uns denken.
Geben viel lieber alles her,
würden in der Not uns selbst verschenken.

Drum halte ich mich gerne bei Menschen auf,
die nicht wissen, wer sie sind oder wer sie sein wollen.

Denn ich war einer von ihnen
und weiß viel zu gut,
wie sehr der Drang
nach Perfektionismus rennt
und das Ertragen des Versagens
tagtäglich in der Seele brennt.

Doch ich habe gelernt einen Schritt zu wagen
und mich damit der Welt zu offenbaren.

Meine Welt, die deiner in allen Bereichen gleicht.

Wagst du nun diesen einen Schritt mit mir?

Den Schritt in dein Wunschsein:
so lass uns alles auseinandernehmen,
wie verrückt durcheinander drehen
und immer wieder neu zusammennähen.
- Bis du dir gefällst.

Spoiler:
Egal wie oft wir alles auseinandernehmen,
wild durcheinander drehen
und aufs Neue zusammennähen –

Du bist in jeder Version die Bestform.

Einfach, weil du es bist.

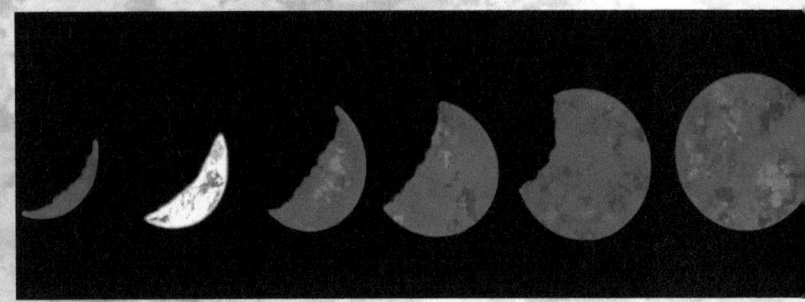

II. IMMER MEHR, DOCH NIE GENUG

II. IMMER MEHR, DOCH NIE GENUG

Es gibt Tage, an denen du zweifelst.
An dir und dem Leben.

Wer lässt dich glauben, dass du nicht genug bist?

Ich hab' es vermisst.
Vermisst dir zu sagen,
dass du mehr bist als dir bewusst ist.
Ich weiß wie viel in dir steckt,
was sonst niemand besitzt.

Drum verrate mir:
Wer lässt dich glauben, dass du nicht genug bist?

Stattdessen gestehe ich dir, dass es auch mir so geht.
Der Zweifel nicht nur vereinzelt,
sondern zu oft besteht.

Unbeantwortete Zweifel an mir.
An mir und dem Leben.
Unbeantwortete Fragen an mich.
An mich und das Leben.

Warum bin ich alleine hier und nicht mit dir?
Was ist meine Mission? Gleicht sie deiner Vision?
Wieso fällt mir im Leben so vieles so schwer?
Fühlst du dich auch so oft so leer?

Und während ich mir all die Fragen stelle, sehe ich:
wie mein Verstand mich an Ketten hält,
mein schönes Denken in die letzte Ecke zwängt
und mir das Leben als Teufelskreis aufdrängt.

Doch dann fällt mir auf:
Jeder Kreis hat einen Anfang.
Ich muss nur zu dem Punkt gelang', wo er begann.

So löste sich der Teufelskreis an dem Tag,
als ich erkannt,
dass ich nicht mehr sein muss,
als ich schon bin.

Denn wir suchen zu oft etwas,
das uns angeblich fehlt.

Finden viel zu selten das,
was im Leben eigentlich zählt.

Wollen immer mehr,
       immer besser,
       immer perfekt sein.

Dabei immer vergessen,
dass wir schon viel zu viel sind.
       - Nur zu oft zu blind.

Geht es dir auch so oft wie mir?
Dann bitte ich dich: Sei nicht so hart zu dir.

Denn du verlierst dich zu oft in denen,
die dich immer wieder ablehnen.
Dir wird gesagt,
dass du nicht ausreichst
und du fragst dich **Wieso**
und **Woran** wird das festgemacht?

Menschen beurteilen und verurteilen dich,
aber haben nur Gedanken mit sich selbst verbracht,
kein einziges Mal dabei an dich gedacht.
Trotzdem heißt es
du wärst nicht genug.

Du?

Vergiss es.
Vergiss die.
Vergiss mich,
aber bitte nicht meine Worte für dich.

Wer lässt dich glauben, dass du ~~nicht~~ genug bist?

Wer lässt dich glauben, ~~dass du genug bist?~~

Wer lässt dich glauben?

Wage einen Blick in meine Augen
und sei mutig genug,
dich aus meiner Sicht zu sehen.
Dich -
mit allem, was du hast
mit allem, was du bist
mit allem, was du so gern von dir vergisst.

Denn du verlierst dich zu oft in denen,
die dich immer wieder ablehnen.

Und findest dich zu selten in denen,
die dich immer wieder in ihrem Leben erwähnen.

Geht es dir auch so oft wie mir?
Dann bitte ich dich: Sei nicht so hart zu dir.

Du strahlst.
Du bewirkst.
Du funkelst.
Bist du nicht so viel mehr als du zu glauben scheinst?
Du bist ein Konstrukt. Mit innerer Struktur.
Herz und Kopf.
Verborgen hinter sämtlichen kleinen Wundern,
findet man dich.

Mit Herz.
Mit Kopf.
Mit all' deiner Liebe.

Dich - vollkommenes Wunder -
versteckt in meiner kleinen
Wunderwelt der Faszination.

Drum sage mir bitte viel lieber:
Wer lässt dich glauben, dass du genug bist?
Wer lässt dich glauben?

Du bist schon immer mehr
und schon immer gut genug.

Ich weiß nicht,
ob du es hören kannst
oder gar hören willst.

Aber ich weiß, dass du es bist.
Ich weiß auch, dass ich es immer wieder sagen werde,
weil mein Herz danach strebt -
vielmehr nach der Wahrheit lebt.

Ich hoffe,
dass du irgendwo tief,
ganz tief in dir drinnen,
einen Ort hast,
an dem du nur schöne Dinge bewahrst.

Einen Ort, den du immer wieder besuchen kannst
und du mit deinem ganzen Wesen dran glauben kannst,
dass alles, was sich in diesem Bereich befindet,
immer so sein und bleiben wird.

Falls du so einen Platz besitzt,
auch wenn er nur minimal groß ist,
schließe ihn bitte für einen Moment auf:

Du bist schon immer mehr
und schon immer gut genug.

Zuschließen nicht vergessen - es ist nur dein Ort.

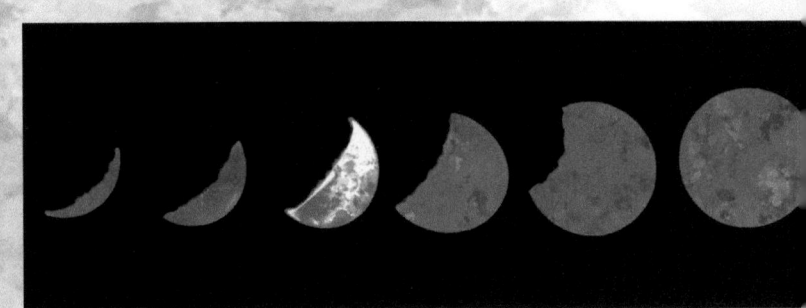

III. GLAUBE ANS VIELLEICHT

III.   GLAUBE ANS VIELLEICHT

Zu viele Menschen auf die man trifft.
Zu viel Augenkontakt mit traurigem Blick.
Zu viele Gedanken: Wieso? Weshalb? Warum?
Zu viele verschiedene Leben und doch eine Frage,
die uns alle immer wieder betrifft:
Welcher Weg ist der Richtige?

Ich befinde mich mitten auf der Kreuzung:

Vor mir liegt die Freiheit,
hinter mir die Geborgenheit.
Links sehe ich den entfernten Horizont,
rechts erblicke ich die schützenden Grenzen so prompt.

Wer kann mir sagen, welchen Weg ich nehmen soll?

Ich genieße die Freiheit,
aber am liebsten mit Menschen der engsten Vertrautheit.

Ich bewundere den Horizont,
aber brauche zeitgleich die sichere Front.

Im Leben befinden wir uns immer wieder
an einer Gabelung
und haben viel zu große Angst,
die falsche Abzweigung zu nehmen.

So stellen wir uns wie so oft die Frage:
Welcher Weg wird der Richtige sein?

Es ist nicht fair,
dass es dir so geht wie mir.
Auch ist es nicht fair,
dass es mir so geht,
wie es mir geht.
Oder täusche ich mich selbst
und lasse es nur zu oft zu,
dass alles erst durch mich entsteht
und das Unglück deshalb nicht mehr vergeht?

Es ist nicht fair,
dass es mir
und dir so geht,
wie es uns geht.

Aber warum machen wir es uns nicht gerecht?

Ich habe zwei Augen.
Mir reicht eins,
um das Schöne auf der Welt zu entdecken
und das Zweite, damit auch du es siehst.

Ich habe zwei Ohren.
Mir reicht eins,
um all die leisen Laute zu hören,
ab und zu das Meeresrauschen
und das Zweite, um dir zuzuhören
und deinen Sorgen zu lauschen.

Ich habe zwei Hände.
Eine von ihnen, die mir alles trägt.
Eine von ihnen, die dich für ewig hält.

Ich habe zwei Beine.
Die ich beide behalte,
um schneller bei dir zu sein,
wenn du am Boden liegst
und nicht mehr vorwärts kommst.

Ich habe zwei Beine,
um deine Schritte mitzugehen,
damit du für einen kurzen Moment
ans Fliegen glaubst,

während du auf meinen Schultern
nach der Rotation der Wolken schaust
und dich duellierst mit deinem inneren,
angsteinflößenden Protest.

Es ist nicht immer fair.
Aber vielleicht dieses eine Mal doch!

Nimm meine Hand,
wir drehen uns um
und machen unbemerkt kehrt.

Scheint für alle anderen verkehrt.
Sie legen zu viel Wert darauf,
jeden einzelnen Schritt nach vorne zu gehen.
Wollten noch nie die Menschen hinter sich sehen.
Sind zu fest verankert in ihren eigenen Spuren
und haben sich gemeißelt in vergänglichen Skulpturen.

Drum lass uns die Letzten sein!
Alle Menschen von hinten betrachten
und auf jeden vor uns achten.
Lass uns die vorgegebenen Spuren verwischen
und neue Wege zusammenmischen.

Denn wer kann sagen, welcher Weg der Richtige ist?

Vielleicht ich.

Indem ich dir sage,
dass alle Wege
mögliche Optionen der Richtigkeit sind.

Denn vielleicht geht es nicht darum,
dass du dich für den besten Weg entscheidest,
sondern dass du überhaupt einen nehmen möchtest.

Vielleicht geht es nicht darum,
dass du aufrecht stehst und fehlerlos überlegst,
sondern dass du weitergehst und dich mutig fortbewegst.

Vielleicht geht es nicht darum,
den höchsten Berg der Welt zu erklimmen,
sondern deinem kleinen Glauben zuzustimmen.

Vielleicht.

Vielleicht geht es aber auch einfach nur um dich.

Und somit um alles.

Vielleicht. ♡

IV. BLICK RICHTUNG FREIHEIT

IV. BLICK RICHTUNG FREIHEIT

Du glaubst immer an mich.
Ich riskiere alles für dich.
Du und ich - allein' zerbrechlich,
aber zusammen zu unsterblich.

Wir laufen,
wir rennen,
wir springen.

>   Doch die Zeit steht still.

Wir sitzen,
wir tanzen,
wir singen.

>   Doch die Zeit steht still.

Wir drehen uns im Kreis,
kämpfen um jeden Preis.

>   Doch die Zeit steht still.

Wir beklagen,
wir versagen,
wir ertragen Niederlagen.

>   Ja, wir verlieren.

Aber hey!   Wir probieren.

Wir scheinen,
wir strahlen,
wir leuchten.

                    Doch die Zeit steht sti… Nein!

Wir kämpfen und versuchen.
Wir bewundern.
Wir bewirken.
Wir bewegen.

Du und ich
gemeinsam auf einer Spur.

                    Wir sind die Zeiger der Uhr.

Wir sind die Zeit,
die uns noch bleibt,
bist du bereit?

Du glaubst immer an mich.
Ich riskiere alles für dich.
Du und ich - allein' zerbrechlich,
aber zusammen zu unsterblich.
Wir - gemeinsam - gegen unendlich.

Wir sind die Zeit, die uns noch bleibt, bist du bereit?

Wir sind die Zeit. Wir sind die Zeit. Wir sind die Zeit.

Drum lass uns was für ewig machen!

Immer wieder kehre ich heim an unseren Ort,
wo wir uns ein Versprechen gaben,
das für mich mehr war als nur ein Wort.
Nun stehe ich hier
und warte auf ein Wiedersehen.
Voller Hoffnung,
dass wir zusammen weitergehen
und Fußspuren hinterlassen,
die niemals vertreiben.
Selbst die im feinsten Sand
wollen für immer bleiben.

Ist das die Erinnerung an unsere Ewigkeit?

Ist das die Erinnerung an unsere zeitlose Zeit?

Ist das die Erinnerung an die Unendlichkeit,
vielmehr an unsere Unsterblichkeit?

So viele Erinnerungen, in denen wir uns verlieren.
Aber immer im Blick für dich alles zu geben.
Heute. Morgen. Lebenslang.

Denn ich bin ein Mensch,
der dein Herz versteht,
der deine Augen öffnet,
der deinen Mund zum Sprechen bringt
und deine Ohren zur Ruhe zwingt.

Ich bin ein Mensch,
der dein Herz entfacht,
der deine Augen zum Leuchten programmiert,
der deinen Mund zum Verstand mutiert
und deine Ohren zum Schutz verbirgt.

Ich bin ein Mensch,
der dich allezeit liebt für das,
was du bist und jemals sein wirst.

Denn wir beide sind Menschen,
die bedingungslos lieben.
Das einzige Problem an der Sache?
Dass wir uns verletzen lassen
und kein Fehler oder Schmerz,
der uns zugefügt wird,
groß oder stark genug sein könnte,
dass wir aufhören würden zu lieben.

Aber vielleicht ist das gar nicht unser Problem,
sondern die Herausforderung aller anderen Menschen.

Denn lieben muss gelernt sein -
und wir?
Wir sind erschaffen worden dafür.

Drum habe ich kein Problem,
mein Herz zu teilen.
Will nicht vieles,
nur viele,
die anders sind.
Klingt vorab ein wenig extrem.

Doch was mir am Herzen liegt sind Menschen,
die sind wie sie sind,
die werden wer sie werden wollen
und die von etwas träumen,
das verrückt und absurd erscheint.

Menschen,
die nicht zu vorgegebenen Systemen passen.
Viel lieber ein ganz Neues zulassen,
das durch uns alle entsteht.
Durch dich und mich
und vielleicht weiteren 8 Milliarden,
denen es nicht entgeht.

Ein System,
dessen Grundlage die Liebe ist.

Die Liebe zu dir allein.
Die Liebe ganz allgemein.

Ein System,
das kein System hat -
weil es kein richtig oder falsch,
kein passend oder unpassend
und kein Ganzes ohne dich gibt.

Wovon bist du ein Teil?

Ich immer vom Gegenteil,
weil ich es liebe anders zu sein
und das obendrein
noch meine Art von Freiheit ist.
Vielen zu klein,
aber nicht für mich als Optimist.

So sage mir: Bist du bereit?
Wir sind an der Zeit.
Uns aus allen Ketten zu befreien.
Blick Richtung Freiheit.

Wohin blickst du?

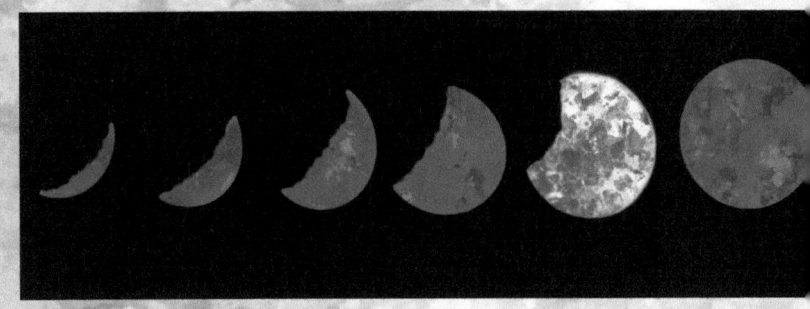

V. ÜBERWÄLTIGTE KOLLIDIERENDE ATOME

V. ÜBERWÄLTIGTE KOLLIDIERENDE ATOME

Ich war schon immer da,
um dich allezeit aufzubauen.
Hab mich nur noch nicht getraut,
jemandem erneut zu vertrauen.

Jede Distanz zu nah.
Jede Nähe zu fern.

Doch jetzt mit dir,
ist es an der Zeit -
langsam,
aber sicher,
wieder aufzutauen
und nach meinem Glück zu schauen.

Kommt kein Schritt von dir,
riskiere ich zwei Schritte von mir.
Kollidieren und werden zum Wir.
Du und Ich -
gemeinsam im Hier,
das für immer anhält.

So fliegen wir schwerelos durch den Regenschauer,
wie kleine Atome, die sich ineinander vermauern.

Während wir sorgenfrei durch die Lüfte schweben
und Ausschau halten nach jedem Liebesbeweis,
drehen sich die Zeiger 360 Grad im Kreis.
Wir stehen kopfüber und sehen zu,
wie die Zeit ohne uns weiterreist.

Denn wir fliegen viel lieber kopflos gegen die Zeit.
Leben in unserer Gedankenwelt,
die von außen so perfekt erscheint.
Öffnen unsere Herzen
und machen sie für die Welt weit.
Doch wissen im tiefsten Sein,
dass deins und meins nur dich und mich vereint.

~~Ich glaube:~~ Ich weiß:
Du bist mein Gegenstück,
vielleicht hab ich ein wenig Glück.
Ein wenig Glück, weil es dich gibt.
Weil es dich gibt
und nicht nur ich dich kenn'.
Doch wird es dir zu viel -
lass uns flüchten, lass uns renn'.

Denn es ist okay,
aus Situationen zu fliehen.
Zum Eigenschutz,
sich allem zu entziehen.
Angst zu haben
und mal nichts zu wagen.

Aber für dich will ich ewig umherfliegen,
all deine Konkurrenten wortlos besiegen,
keinem einzigen Hindernis erliegen
und die Welt für dich geradebiegen.

Während ich dir all das sage,
flüsterst du mir ins Ohr:
Es ist okay,
wenn Atome nicht immer fliegen,
sondern ab und zu einfach nur faul herum liegen.
Vielmehr gehört es zu ihrer Pflicht -
so verlieren sie ihre Magie nicht.

Du hast Recht. Es stimmt.

Ich war schon immer da,
um dich jederzeit wiederaufzubauen.
       Während ich wie ein Atom nur herumlag.

Hab mich nur noch nicht getraut,
jemandem erneut zu vertrauen.
Doch vielleicht ist genau das meine Pflicht?

Es ist an der Zeit -
langsam,
aber sicher,
wieder aufzutauen
und nach meinem Glück zu schauen.

Denn bin ich nicht selbst die Magie,
damit Atome überhaupt erst funktionieren?
Drum lass uns unsere Anforderungen mal reduzieren
und Zeit in die hoffnungsvollen Gedanken investieren.

Ich habe zu viele Wunder erlebt,
um das Träumen jemals zu verlernen.

Ich habe zu viel Liebe im Herzen,
um den ganzen Hass je zu spüren.

Ich habe zu viele Wunden geheilt,
um jemals schlechte Worte zu teilen.

Ich habe zu viel versteckt in diesen Zeilen,
aber immer wieder finde ich mich.
Nicht nur mich, vielmehr auch dich.

Aber bitte sag mir: Siehst du dich auch?

Dich als Wunder,
welches mich das Träumen lehrt.

Dich mit ganzem Herzen,
viel zu groß und darin kein Funken Hass.

Dich mit all deinen Taten,
die nur dich definieren.

Dich als Atom der Bewegung.

Mich als Atom des Versuchs.

Uns als Atom des Lebens.

Du fliegst Loopings in die Luft,
drehst dich schneller als die Erde selbst.
Energie, die du nicht nur mir, sondern allen gibst -
nur dich selbst, wie so oft, unter allen vergisst.

Drum fliege ich Schutzmatten in die Luft,
drehe mich nicht so schnell wie du,
aber dafür nur um dich herum.
Das Verlangen,
nicht nur mich,
sondern auch dich zu retten – Warum?
Einmal ohne Gegenfrage die Antwort: Darum!

Benötigen fürs perfekte Leben
nur deine und meine Atom-Facetten.

Denn wir brauchen so wenig -
haben demnach immer zu viel.

Sind mutig und klug.
Wahrhaftig und genug.
Können nicht schweben,
aber wollen es lernen.
Drehen einfach die Perspektive
und glauben ans Fliegen,
während wir am Boden liegen.

Ob es den Vögeln auch so geht?
Und sie allzu gerne laufen würden,
anstatt dauerhaft umher zu fliegen
oder gar denken,
dass wir Menschen es sind, die fliegen
und sie nur flatternd herumliegen?

Fragen, auf die wir nie 'ne Antwort kriegen.
Welch ein Glück für unseren inneren Frieden.

Mein Herz ist schon lange fliegend auf Weltreise -
ohne Flügel, komischerweise.

Möglicher Hinweis,
dass auch wir Dinge schaffen,
für die wir uns zu selten aufraffen.
Wollen wir fliegen, ohne abzuheben?

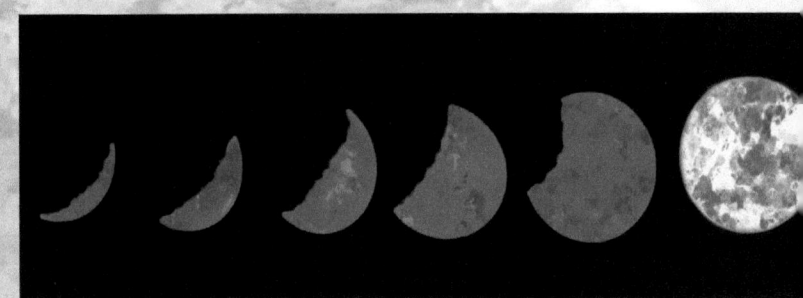

VI. DIAMANT AM STRAßENRAND

VI. DIAMANT AM STRAßENRAND

Wir liegen regungslos auf dem kalten Asphalt.
Die Regentropfen fließen Richtung Bordsteinspalt.
Unzählige Wolken verziehen
und Stunden vergehen,
bis du fragst, wie spät es ist.
Anstatt dir die Uhrzeit zu gestehen,
erzähle ich dir,
wie wichtig du mir bist.

Wir reden und lachen.
Vergessen aufzuwachen.
Träume, die wir in Gedanken skizzieren
und zur Wirklichkeit machen.

Sag mir: Wie spät ist es?
Doch keine Uhrzeit würde als Antwort reichen -
denn könnte es jemals spät genug sein,
unsere Liebe skizzenhaft
in den Bordstein zu zeichnen?

Wir blicken in die Gewitterwolken und sehen,
wie die Blitze den tiefschwarzen Himmel erleuchten.

Ob wir auch irgendwann so weit oben stehen
und wie verrückt im Wolkenparadies
bunte Zick-Zack-Lichter erzeugen?
Somit die dunkelsten Phasen aller verscheuchen,
die versuchen sich für die Gesellschaft passend
hinter ihrer Maske niederzubeugen.

Verrückt wie ähnlich wir uns doch alle sind.
Wollen jeder wie der andere sein,
machen uns dadurch gegenseitig blind.
Wissen nicht,
dass somit keiner gewinnt -
bis einer mutig genug ist,
seine Augen zu öffnen,
um gegen die Mehrheit zu gehen.
Das ist das, was plötzlich alle sehen?

Weil einer anders funktioniert als der Rest
und an seinen eigenen Glauben hält, doch nie zu fest.

Weil einer es schafft, alles für seine Träume zu geben,
während die meisten zu lange nur für andere leben.

Doch was soll ich dir sagen?

Dass auch ich anders bin
und es liebe zu versagen.
Aber mutig genug bin,
um mich mit mir selbst zu vertragen.

Doch was soll ich dir sagen?
Dass wir gemeinsam nicht einsam sind
und ich es liebe,
wie wir wiegend im Wind den Blättern gleichen.
Uns trauen von der Ganzheit abzuweichen
und wir für uns vollkommen komplett ausreichen.

Wir reden und lachen.
Vergessen aufzuwachen.
Träume, die wir in Gedanken skizzieren
und für uns zur Wirklichkeit machen.

So werden Menschen wie du und ich
als Träumer bezeichnet -
dabei sind wir die, die nie schlafen.
Schließen für einen Augenblick die Augen
und sehen als Bildnis unser erträumtes Zuhause.
An der Tür klebt eine Notiz:
„Augen auf! Sonst vergeht unser Traum."

Augen auf.

Ich sehe dich,
du siehst mich.
Irgendwie sehen wir uns trotzdem nicht.
Denn du blickst in die Vergangenheit,
ohne mich
und ich in die Zukunft,
mit dir.
Befinden uns am selben Platz in der Gegenwart,
unser Lied immer noch auf Platz 1 der Weltcharts.

Deine Welt,
in der du
und ich
uns nicht gerecht werden,
uns nicht gerecht werden können,
uns nicht gerecht werden sollen.

Meine Welt,
in der du
und ich
uns gerecht werden,
uns gerecht werden können,
uns gerecht werden sollen.

Aber was unterscheidet mich von dir?
Ich verträumt in die Zukunft starrend?
Du lieber auf alles, was war, beharrend?

Vielleicht ist es die Hoffnung,
die bei mir nie zu kurz kommt.

Die Hoffnung in die Liebe.
Die Hoffnung in die Menschen.
Die Hoffnung in die Ewigkeit.

Die Hoffnung in die Hoffnung.

Ich habe mich blind in mein Leben geworfen,
alle strukturellen Pläne verworfen.
Tanze so gerne im chaotischsten Chaos
und somit in mir selbst.

Gefühle,
die mein Wesen durcheinander treiben
und ungern an einem einzigen Ort verbleiben.
Sprudeln über und drüber.
Machen mich nicht klüger,
aber sollen sie wahrscheinlich auch nicht.

Ich bin das pure Chaos -
zweifellos. Aber nicht ratlos.

Denn ich habe Hoffnung in die Hoffnung
und hoffe, du hoffst es auch -
dass wir unsere verlorenen Blicke wiederfinden,
um gemeinsam unsere Differenzen zu überwinden.

Unsere Differenz,
die nur an einem Glauben scheitert:
deine Angst, dass du meiner Welt nicht ausreichst.

Doch was soll ich dir sagen?
Dass auch ich anders bin
und es liebe zu versagen.
Aber mutig genug bin,
um mich mit mir selbst zu vertragen.

Doch was soll ich dir sagen?
Dass wir gemeinsam nicht einsam sind
und ich es liebe,
wie wir wiegend im Wind den Blättern gleichen.
Uns trauen von der Ganzheit abzuweichen
und wir für uns vollkommen komplett ausreichen.

Wir fallen hin,
sind viel zu gut darin.
Stehen wieder auf,
gehört zum täglichen Routine-Ablauf.
Wissen nicht wie weit wir kommen,
dabei sind wir schon längst am Ziel angekommen:

Deine
und meine
Welt -
umgeformt
zu einer Welt.

Eine Welt,
in der du
und ich -
nur du
und ich
existieren.

Wir reden und lachen.
Vergessen aufzuwachen.
Träume, die wir in Gedanken skizzieren
und zur Wirklichkeit machen.

So sitzen wir nachts wieder mal am Straßenrand
und reichen uns die Hand.
Schauen den blauen Sternenhimmel an
und fragen uns nur: Wann…

… Wann sind wir zu dem geworden, der wir jetzt sind?

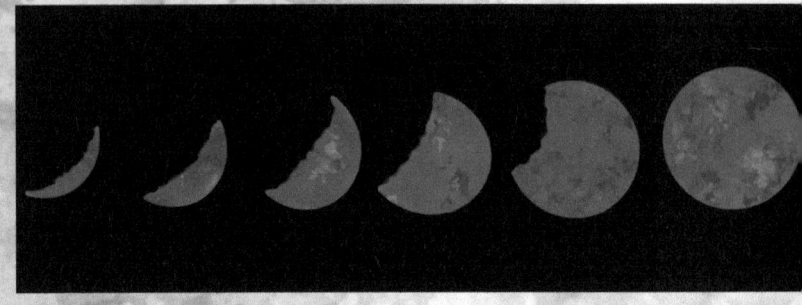

VII. SKYLINE IM MONDSCHEIN

VII. SKYLINE IM MONDSCHEIN

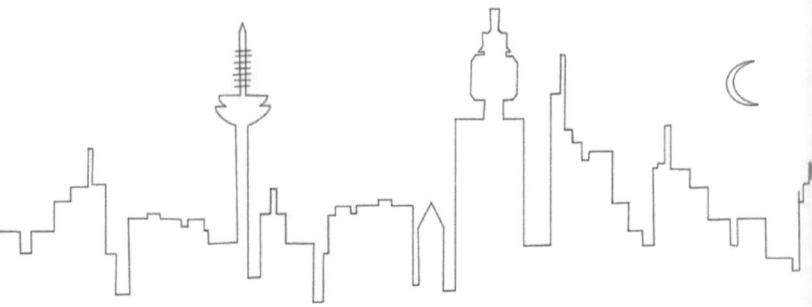

Seit Jahren treffen wir uns jeden Sommerabend
an unserem Platz auf dem höchsten Dach der Stadt.
Unsere Blicke noch immer der Sonne nachjagend,
während der Mond uns schon seit Stunden anlacht.

Wir lassen unsere Beine metertief baumeln.
Fühlen uns so unbeschwert frei.
Keiner dabei - außer uns zwei.
Vom Träumen fangen wir an zu taumeln.

So wenig, das wir aussprechen.
Zu viel, um die Ruhe zu brechen.

So viel, das wir im Herzen fühlen.
Zu wenig, um drin herum zu wühlen.

So wenig.
Zu viel.
So viel.
Zu wenig.
So viel zu wenig. So wenig zu viel.

Doch müssen erst Worte fallen,
um Gefühle zu bergen?

Müssen Töne aufeinanderprallen,
um gehört zu werden?

Vielleicht reicht auch die Stille,
die zwischen uns spricht.
Die Stille,
die dich
und mich verinnerlicht.

Die Stille,
die uns seelisch
und physisch vereint.
Auch wenn es für die Mehrheit falsch erscheint.

Denn viel zu viele laufen mit der Menge.
Während wir es zu sehr lieben,
alles zu bekämpfen, jegliche Zwänge.

Denn viel zu viele schwimmen mit den Wellen.
Während wir es zu sehr lieben,
uns gemeinsam gegen die Strömung zu stellen.

Denn viel zu viele gehen mit der Zeit.
Während wir es zu sehr lieben,
die Zeiger für uns zu drehen, manchmal auch zu weit.

Denn viel zu viele stehen gerne mitten im Geschehen.
Während wir es zu sehr lieben,
auf dem Dach zu sitzen und nur nach uns zu sehen.

So sitzen wir auch heute wieder
auf dem höchsten Dach der Stadt.
Unsere Blicke noch immer der Sonne nachjagend,
während der Mond uns schon seit Stunden anlacht.

Wie so oft machen wir uns Gedanken um Worte,
die sich immer und immer wieder im Kopf verdrehen.

Doch vielleicht reicht die Stille,
die leise zwischen uns spricht und sagt:

„Glücksgefühle, die keinen Grund haben je zu vergehen."

Denn viel zu viele verdrehen im Kopf die Worte.
Während wir es zu sehr lieben,
auf uns zu vertrauen und Gefühle jeglicher Sorte.

So wenig, das wir aussprechen.
Zu viel, um die Ruhe zu brechen.

So viel, das wir im Herzen fühlen.
Zu wenig, um drin herum zu wühlen.

Doch versteckt sich nicht so viel mehr,
hinter allen Gedanken, die wir nicht sagen?

Nicht sagen,
weil wir sie für unwichtig halten?

Nicht sagen,
weil wir sie lieber zusammenfalten?

Nicht sagen,
weil wir uns nicht trauen,
sie mit jemandem neu aufzubauen?

Doch sind die Gedanken wirklich bedeutungslos,
wenn du sie dir nicht nur einmal im Kopf zerlegst -
sondern hundertmal bis endlos?

Doch sind die Gedanken wirklich beseitigt,
nur weil andere sie nicht als wichtig erachten -
obwohl du und dein Verstand sie tagtäglich beachten?

Ist es nicht so viel schwerer,
mit deinen Gedanken alleine zu leben -
anstatt sie mit jemandem beiseite zu legen?

Denn ist es nicht so viel mehr,
als wir immer hoffen,
dass es wär'?

Für uns ist es wichtig.
Somit mehr als nur richtig.

Es ist so viel mehr,
als wir immer hoffen,
dass es wär'.

Doch ist es nicht das, was uns ausmacht?

Seit Jahren treffen wir uns jeden Sommerabend
an unserem Platz auf dem höchsten Dach der Stadt.
Unsere Blicke noch immer der Sonne nachjagend,
während der Mond uns schon seit Stunden anlacht.

So viel zu viel.
Das wir durch dich und mich
und der Stille,
die zwischen uns spricht,
besitzen.

So viel zu viel.
Das wir durch dich und mich besitzen.

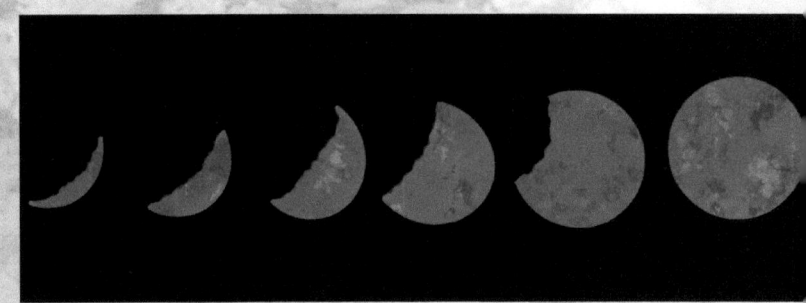

VIII. LETZTER WUNSCH

VIII.   LETZTER WUNSCH

3 Uhr mitten in der Nacht.
Die letzte Stunde wieder nur wach verbracht.
Viel zu lange über Gott und die Welt nachgedacht.
Doch dann die eine Frage, die auch mich überrascht:
Was wäre mein letzter Wunsch?

So vieles, dass es in meinem Kopf
wie verrückt herumwirbelt.
Während sich alles gedanklich
durch meine Finger zwirbelt.
So viele Dinge, von denen ich träume.
Obwohl ich meinen eigentlichen
Wunsch dauerhaft versäume.

Doch während ich von allem träume,
das ich so gerne hätte -
kommt der Gedanke erneut:
Was wäre mein letzter Wunsch?

All die Dinge, die ich sogleich gerne hätte,
verschenk ich wie im Nu um die Wette.

Denn was ist mein letzter Wunsch?

Jeden Tag glücklich weiter zu gehen,
weil ich es liebe, dein Lachen zu sehen.

Jeden Tag glücklich weiter zu gehen,
um dich wenige Schritte
auf meinem Weg mitzunehmen.

Jeden Tag glücklich weiter zu gehen,
um dich ewig mit ins Glück zu ziehen.

Doch was wäre dein letzter Wunsch?

Vielleicht fühlst du dich bereit,
verrückte Gedanken zuzulassen,
um sie im Anschluss verblassen zu lassen.

Vielleicht fühlst du dich bereit,
deine erbauten Wände hinzurichten,
um mir anschließend aus deinem Leben zu berichten.

Vielleicht fühlst du dich bereit,
mit mir jeden Tag glücklich durch die Welt zu gehen,
um dein eigenes Strahlen bewusst wahrzunehmen.

Bist du jetzt bereit,
mir meinen letzten Wunsch zu glauben
und traust dich, mir auch deinen anzuvertrauen?

Denn mit geschlossenen Augen hast du mir gesagt,
dass dir das Vertrauen in dich selbst fehlt.
Doch dein Glaube in mich für dich doppelt zählt.

Dieses Wissen, das dich in Narkose treibt
und mich aus meinem tiefsten Schlaf jagt.

3 Uhr mitten in der Nacht.
Die letzte Stunde wieder nur wach verbracht.
Viel zu lange über Gott und die Welt nachgedacht.
Doch dann das Wissen, das in mir erwacht:

Du glaubst doppelt an mich,
dafür keine Sekunde an dich.

Du glaubst doppelt an mich,
dafür keine Sekunde an dich?

Aber setze ich nicht schon immer auf dich,
weil du dieser eine Mensch bist,
der sich nach jedem Schlag wieder aufrafft
und aus diesem Grund im Leben alles schafft?

Ja - dieser eine Mensch bist du,
anscheinend aber nur für mich.
Warum nicht auch für dich?

Wir fühlen uns wie eine Feder auf Rädern.
Haben den Drang uns aus der Rotation zu befreien,
erheben unsere Stimme und siegen,
ohne laut aufzuschreien.

Unsere Wünsche, die nur dich und mich brauchen,
um in Erfüllung zu gehen.
Während meinem Kopfkarussell,
indem unzählige Ideen entstehen.

Vielleicht ist die erste Option,
zugleich die einfachste Lösung schon?

Einfach drauf los reden
und auf Fragen ehrliche Antworten geben.
Nicht alles perfekt umschreiben,
lieber fehlerhaft aufn Punkt kommen.

Noch genug Zeit für deine Worte
und Sorgen einplanen,
um im Anschluss ein neues Polaroid
in unserem Herzen einzurahmen.

Denn leben wir beide nicht dafür,
Erinnerungen zu schaffen,
die uns im Jetzt und Hier,
am Leben halten?

Polaroids, die uns ewig begleiten
und wir liebevoll im Herzen verwalten.
Die Platzkapazitäten aufs Ganze ausweiten,
um sie zu sammeln für alle Lebzeiten.

Denn für unseren einzigen Wunsch brauchen wir
kein Geld, keinen Raum und keine feste Zeit.

Nur dich und mich.
Für immer zu zweit.
Hand in Hand,
Schulter an Schulter,
Arm in Arm,
Herz an Herz.
Vorwärts,
abwärts,
rückwärts,
aufwärts -

aber immer bereit,
für dich alles zu wagen und zu ertragen.

Denn den Glauben, der dir fehlt,
trage ich doppelt und dreifach in mir.

Lass uns wie ein Anker
nach einem felsenfesten Stand ringen
und die ganzen Aufgaben,
die die Gesellschaft von Maschinen erwartet,
niemals jemals aufzwingen.

Lass uns wie ein Anker schwerelos fallen,
all die Pflichten gegen die Wände knallen
und nur noch uns beiden gefallen.

Denn das ist doch das Einzige was zählt oder nicht?

Andersartigkeit -
als Grundlage für die Ewigkeit.

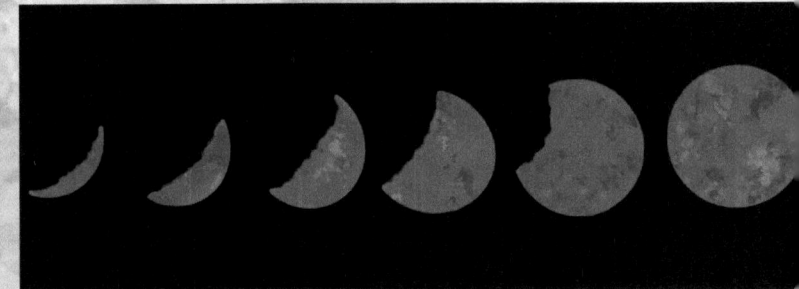

IX. 365 TAGE EUPHORIE

IX.   365 TAGE EUPHORIE

Euphorie - [ɔɪ̯foˈʀiː]

ein begeisterter Gemütszustand der Lebensfreude,
ein vorübergehendes gesteigertes gutes Lebensgefühl

365 Tage im Jahr.
52 Wochen gehen doch klar.
24 Stunden Träumen am Tag,
mache sie alle zu gerne wahr.

Mein Leben verläuft drunter und drüber.
Drum schraube ich meine Grenzen hinunter
und springe problemlos hinüber.

Doch wer sagt mir,
was ich kann und was nicht?
was ich schaff und was nicht?
Immer nur die Anderen,
dabei kennen sie nicht mal mein wahres Gesicht.

Doch wer darf mir sagen,
was ich kann und was nicht?
was ich schaff und was nicht?

In Wirklichkeit doch nur meine eigene Stimme,
die viel lieber von Hoffnung und Liebe spricht.

Immer gedacht,
glücklich sein ist ein Zwang.
Bis ich nicht mehr den Drang danach hatte
und meine Gedanken vergleichbar waren mit Watte.
Nun stehe ich hier,
habe ab und zu schlechte Tage,
doch hängen oben auf der Waage.
Im Übergewicht sind es die guten Tage,
die ich im Gedächtnis trage.
Die glücklichen Phasen,
die in meinem Herzen rasen
und die traurigen,
die in der Luft zerplatzen
wie die kleinsten Seifenblasen.

Denn geht es im Leben nicht um die Tage,
an denen ich mich abends nicht beklage?

Denn geht es im Leben nicht um die Tage,
an denen ich mich traue und Dinge hinterfrage?

Denn geht es im Leben nicht um die Tage,
an denen ich aufstehe, obwohl ich so oft versage?

Im Leben geht es um all die Tage:
An denen ich von ganzem Herzen lache.
An denen ich meine Gefühle der Welt weitmache.
An denen ich immer wieder neu aufwache.

Sind diese Tage bei dir 365 Mal im Jahr?
Noch nicht? Dann mache sie wahr!

365 Tage im Jahr.
52 Wochen gehen doch klar.
24 Stunden Träumen am Tag,
mache sie alle für dich gerne wahr.

Läuft dein Leben auch zu oft drunter und drüber?
Dann schraube deine Grenzen hinunter
und spring problemlos hinüber!

So lass uns endlich anfangen,
um an unsere Ziele zu gelangen.

So lass uns endlich beginnen,
damit wir unsere Träume gewinnen.

So lass uns endlich starten,
anstatt ewig auf die richtige Zeit zu warten.

Die richtige Zeit ist jetzt.
Du hast mich.
Ich hab dich.
Nichts, das uns jemals ersetzt.

Drum lass uns endlich ewig leben.
Jeden Tag gemeinsam alles geben.
Für immer nach unserm Glück streben.

Denn wenn nicht wir, wer dann?
Wir bleiben dran, schreiten immer weiter voran.
Irgendwann kommen wir an.
Ja, wir kommen an.

Und erobern die Welt.

365 Tage im Jahr.
52 Wochen gehen doch klar.
24 Stunden Träumen am Tag,
machen sie alle zu gerne wahr.

Denn ich möchte mehr hören, sehen und auch wagen,
dich zu fragen -
ob wir unsere Gedankenplagen
nicht lieber zusammen ertragen.

Drum sammle ich Worte seit Tagen,
um sie dir irgendwann zu sagen,
während wir nach surrealen Fehlern jagen.

Vollkommenes Wirrwarr,
wie ein Kreuzworträtsel,
über das wir uns beklagen,
weil unsere Lösungswörter über den Rand hinausragen.
Dieses Gefühl von Unbehagen
schon wieder im Auge der Menschheit zu versagen.

Doch ich möchte mehr hören, sehen und auch wagen,
dich zu fragen –
ob wir nicht lieber leben wollen im Jetzt.

Denn ich liebe es,
dass es dich gibt.

Ich liebe es,
dich zu halten
und zeitgleich freizulassen.

Ich liebe es,
deine größten Schmerzen und Sorgen zu tragen
und diese in Glück zu verwandeln.

Ich liebe es,
dass du meine Definition der Euphorie bist.

Du hast mich.

Ich hab dich.

Nichts, das uns jemals ersetzt.

Drum leben wir glücklich im Jetzt.

Haben zuvor unser Können so oft unterschätzt.

Unsere Lebensfreude immer nach oben gesetzt.

365 Tage im Jahr.

52 Wochen gehen doch klar.

24 Stunden Träumen am Tag,

machen sie alle zu gerne wahr.

Nun lass uns endlich ewig leben!

Jeden Tag gemeinsam alles geben

und für immer nach unserem Glück streben.

365 Tage Euphorie.

365 Tage Du.

P.S. *Für dein Glück werde ich lebenslang planlos durch die Welt laufen – aber ich werde es finden. Versprochen.*

X. ZWEIBEINIGES KLEEBLATT

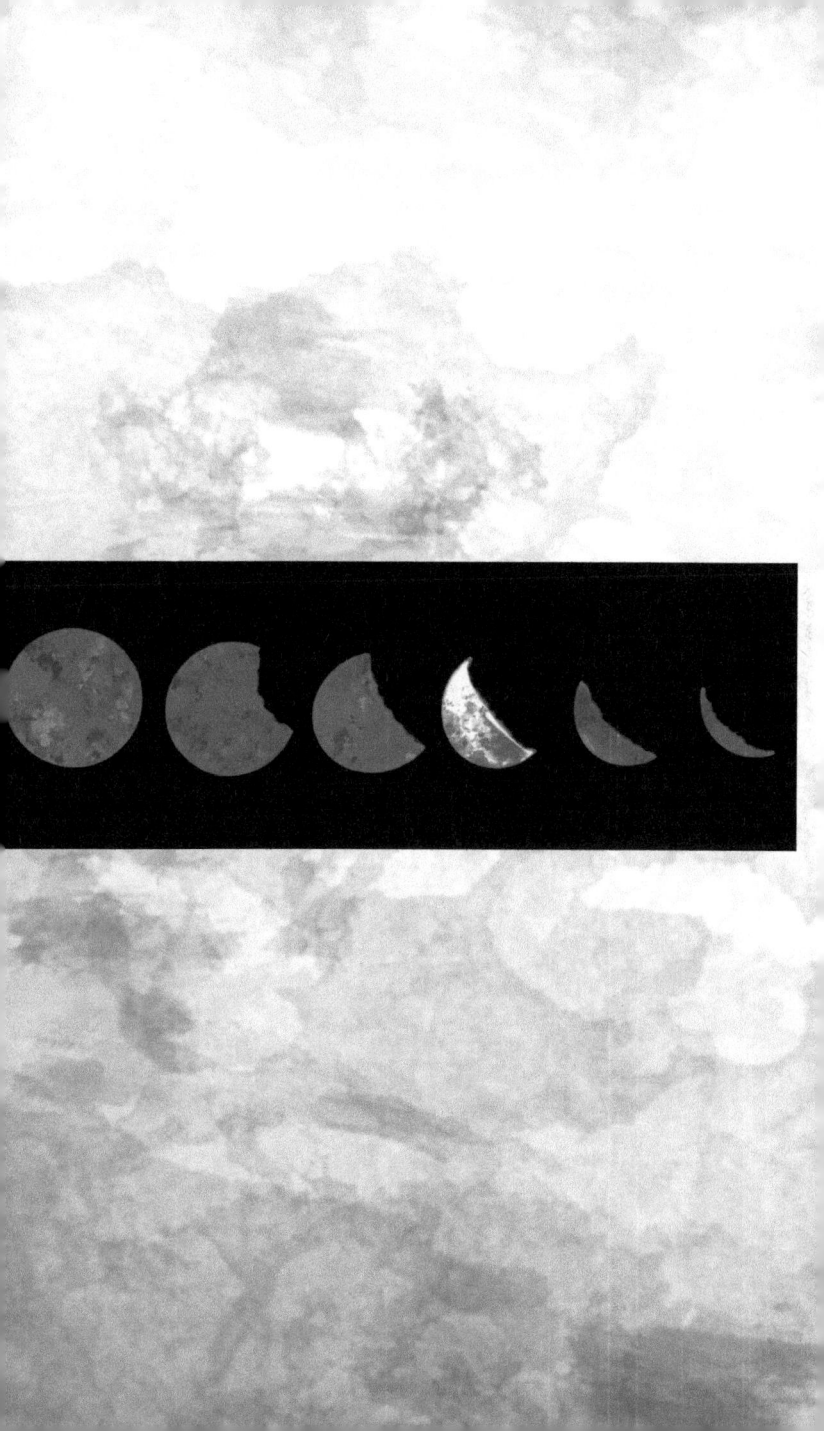

<u>Vorab:</u>

Dieses Kapitel geht an alle, wirklich an jeden Menschen, dem ich in meinem Leben begegnen durfte. Ich bin dir dankbar, dass du ein Teil meiner Reise warst oder noch immer bist. Mein Glück, das ich durch dich habe, ist kaum in Worte zu fassen - dennoch probiere ich es auf den Punkt zu bringen.
Lass dich lieben. Von dir. Von mir. Von der Welt.
Du bist so viel. Ich hoffe, du weißt das.   - Tabi

X. ZWEIBEINIGES KLEEBLATT

Der Weg geht nicht immer geradeaus.
Doch ich verspreche dir:
Irgendwann fliegt jeder hoch hinaus.

So flog auch ich in jener Nacht
über die höchsten Dächer der Stadt.
Urplötzlich war nichts mehr unmöglich.
Ich brauchte keine Flügel,
stattdessen nur ein zweibeiniges Kleeblatt.

Klingt absurd und zu verrückt für dich?

Das ist es auch. So wie der ganze Leben-Brauch.

Doch hätt' ich nicht an das Glück geglaubt,
hätte ich mir jemals etwas Neues zugetraut?

Doch hätt' ich nicht an das Glück geglaubt,
hätte ich dir jemals mein Leben anvertraut?

Doch hätt' ich nicht an das Glück geglaubt,
hätte ich mir jemals eine Zukunft aufgebaut?

Darum möchte ich dir sagen:
Danke, dass du mein zweibeiniges Kleeblatt warst
und mich durch all die Lebensphasen getragen hast.

Doch was hab ich dir nie gesagt?
So vieles, stattdessen zu oft versagt.
Doch nie in deinen ermutigenden Augen,
immer nur verloren in meinem eigenen Glauben.

Darum möchte ich dir sagen:
Danke, dass du mein zweibeiniges Kleeblatt warst
und mich durch all die Lebensphasen getragen hast.

Doch was hab ich dir nie gesagt?

Dass ich dir dankbar bin,
für alles was du mir täglich gibst.
Noch vielmehr, dass du in meinem Leben bist.

Dass ich dir dankbar bin,
für deinen Glauben in mich.
Noch vielmehr, das Vertrauen auch in dich.

Dass ich dir dankbar bin,
für mein tägliches Lachen.
Noch vielmehr, dass wir es gemeinsam machen.

Dass ich dir dankbar bin,
für mein zu absurd perfektes Leben.
Noch vielmehr, dass wir auch deine Träume anstreben.

Ich bin dir dankbar für alles,
was du für mich tust.
Doch noch vielmehr für das,
was du für dich tust.

Ich sag es dir viel zu selten:
aber zwischen dem was du kriegst
und in Wirklichkeit verdienst,
liegen unzählige Welten.

So glaube mir:
Kein Hindernis wäre jemals hoch genug,
um nicht in den Abgrund zu springen,
wenn du zu fallen drohst.

Brauchst du einen Menschen,
der an dich glaubt -
werde ich jeden bekämpfen,
der dir deinen Glauben raubt.

Ja. Ich sage es dir viel zu selten:
aber zwischen dem was du kriegst
und in Wirklichkeit verdienst,
liegen unzählige Welten.

Welten, die ich für immer auf meinen Schultern trage.
Als Aufbewahrungsorte für deine unschönen Tage.

Welten auf meinen Schultern
und Herz am rechten Fleck?
Brauch ich nicht
und hab ich nicht.
Trage es viel lieber im Gepäck,
habe es dauerhaft in Sicht
und packe es aus,
wenn dir deins sticht.
Denn unsere Herzen pochen dicht an dicht.
Meins funktioniert für deins,
deins für seins,
jedes für jeden
und alle klopfen in die Welt hinaus.

Drum hab es am rechten oder linken Fleck,
kopfüber und verkehrtherum.
Im Kopf oder auf der Zunge.
Laut brummend
oder ganz stumm summend.

Du besitzt eins.
Das Größte.
Passe gut drauf auf.

Doch sticht
oder bricht deins,
lass uns tauschen.
Ich bringe es wieder zum Lauschen und Rauschen -
so lange nimm bitte meins.
Im Notfall auch für immer.

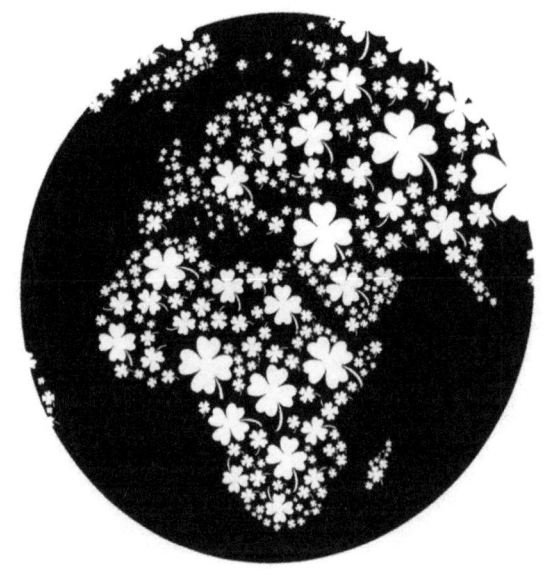

Danke.

Danke, dass es dich gibt,

zweibeiniges Kleeblatt.

XI. GROßFAMILIENLiEBEN

XI. GROẞFAMILIENLIEBEN

3 Schwestern,
3 Brüder.
Nichte
und Neffe.
Mama
und Papa.
Schwager^2.
Zukünftige Schwäger
und Schwägerinnen.
Tante
und Onkel.
~~Angeheirateter~~ Onkel
und ~~angeheiratete~~ Tante –
das Wort bei uns zu irrelevant.
Cousin
und Cousin.
Oma
und Opa.

Unzählige Freunde und Freundinnen,
die ein Großteil der Familie sind.
Aber wir haben weiterhin genug Platz,
weil bei uns immer die Liebe gewinnt.

Ich bin 22 Jahre alt oder jung,
175cm groß oder klein,
habe 3 Vornamen
und bin unter keinem von ihnen bekannt.
Ich trage in meinem Herzen
einen verschliffenen Rohdiamant'
und halte schon lebenslang
die ganze Welt an meiner Hand.

Ich spreche zu wenig und erwähne vieles zu selten -
so auch die folgenden Worte, die aber immer gelten:

Es macht mich glücklich zu wissen,
dass ich in einem Haus voller Liebe
das Laufen erlernt habe.

Es macht mich glücklich zu wissen,
dass meine Augen ihren Glanz nie verlieren,
weil sie dich jeden Tag lachen sehen dürfen.

Es macht mich glücklich zu wissen,
dass ich ein Lächeln besitze,
dass nicht nur dir,
sondern ganz vielen da draußen Hoffnung macht.

Hoffnung, die du mir endlos schenkst
und ich jedem weitergeben darf,
der an vereinzelten Tagen ungerne aufwacht.

Es macht mich glücklich zu wissen,
dass ich ein Ergebnis aus den besten Menschen
dieser Welt ergebe.

Ich spreche zu wenig und erwähne vieles zu selten -
so auch die folgenden Worte, die aber immer gelten:

All das,
was du so sehr an mir liebst,
trage ich in mir,
damit du nicht vergisst,
dass es das ist,
was du mir gibst.

All das,
was du so sehr an mir liebst -
ist der Teil, der du von mir bist.

All das,
was du so sehr an mir liebst -
ist das, was du zu oft von dir vergisst.

All das,
was ich bin,
bin ich für mich
und auch für dich, dich und dich.

Denn ich habe zu lange versucht,
die Lasten der ganzen Welt zu *er*tragen -
und dabei ganz übersehen,
dass ich meine eigene Welt doch schon längst halte.

Meine Welt, die aus

3 *Schwestern,*

3 *Brüdern.*

Nichte

und Neffe.

Mama

und Papa.

Schwager[2].

Zukünftige Schwäger

und Schwägerinnen.

Tante

und Onkel.

~~*Angeheirateter*~~ *Onkel*

und ~~*angeheiratete*~~ *Tante.*

Cousin

und Cousin.

Oma

und Opa.

Unzähligen Freunden und Freundinnen

besteht und kontinuierlich weiterwächst.

Das ist das, was mich so glücklich macht:
Dass wir uns immer wieder zum Wachsen bringen.
Er sie.
Ich dich.
Sie ihn.
Du mich.
Vielmehr
wir alle uns - in allen persönlich relevanten Dingen.

Danke,
dass du mein Herz zu 'nem Rohdiamanten machst.
Bedingungslos werde ich alles geben,
damit du für immer glücklich lebst, liebst und lachst.

Es ist ein unbeschreibliches Gefühl,
dass ich das Glück hatte und genau auf dich traf
und deinen Lebensweg ewig mit dir gehen darf.

Danke GROßFAMILIENLiEBEN.

Auch wenn wir schon sehr viele sind -
haben wir weiterhin genug Platz,
weil bei uns immer die Liebe gewinnt.

Drum verrate mir: Woraus besteht deine Welt?
Brauchst du eine zweite Welt?
Wir haben Platz. Für dich.

Jakob, 5 Jahre alt

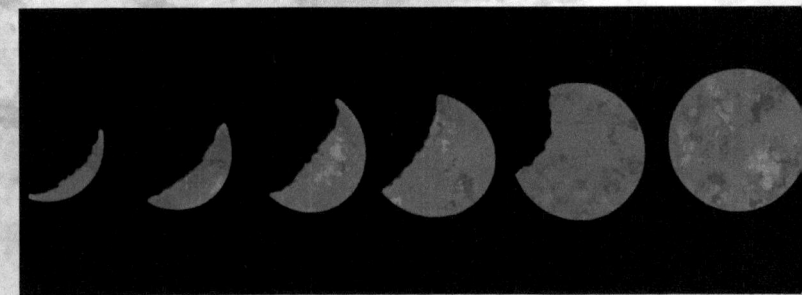

XII. DU WARST

ICH BIN

WIR WERDEN

DU WARST

Du warst…

… alles für mich.

Du hast mir gezeigt, was Glück bedeutet.
Doch warst der Grund,
wieso ich so oft unglücklich war.

Du hast mir gezeigt, keine Angst haben zu müssen.
Doch dein Verlust war die größte Angst, die ich hatte.

Du hast mir gezeigt,
wie nah die Liebe und der Hass beieinander liegen.
Sich fast schon aneinanderschmiegen.

Doch jetzt, ja jetzt,
ist mir bewusst, dass die Liebe immer siegt.
Vielleicht nicht die Liebe zu dir, aber zu mir.
Durch deinen Verlust gewann ich mich.

Glaubst du mir, dass es einen noch schöneren Sieg gibt?
Ich hoffe nicht.
Denn ich glaube es auch nicht. Unvorstellbar.

Du warst…
… alles für mich. Ja - _**Du warst**_. Doch jetzt bin ich.

ICH BIN

Ich bin…

… unaufhaltbar.

Es ist verrückt, wie das Leben spielt:
Jeder neue Schmerz macht mich stärker.
Jede neue Sorge beschützt mich.
Jede neue Angst bekämpfe ich.

Jeder neue Tag ermöglicht mir
Momente, Gedanken, Erfahrungen.
Jeder neue Tag zwingt mich in die Knie
und bringt mich erneut zum Strahlen.
Ich steige hinauf, immer höher.
Nichts ist unmöglich.

Ich bin…
… unaufhaltbar. Ja - Ich bin.

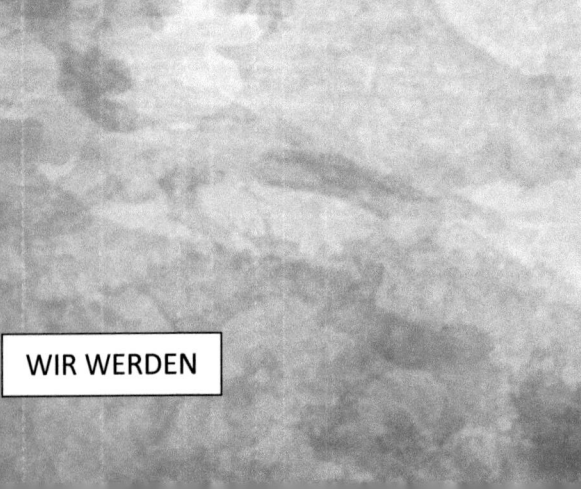

WIR WERDEN

Wir werden…

… glücklich sein.

Du und ich, gemeinsam.
Gemeinsam gegen die Vergangenheit,
wachsen in der Gegenwart
und unerreichbar in der Zukunft.
Unser Wert steigt. Wir steigen.
Wir kämpfen uns in die Höhe und blicken auf all' das,
was wir gemeinsam errichten werden.
Nichts wird uns aufhalten können.

Unsere Träume ruhen nicht mehr in unseren Gedanken.
Sie liegen greifbar in unserer Hand.

Wir werden…
… glücklich sein. Ja - <u>Wir werden.</u>

Das größte Geschenk, das du einem Menschen machen kannst, ist ihn zu lieben, wie er ist. Zu lieben und zu begleiten, Tag und Nacht, auf seiner Reise durchs Leben. Im Gegenzug erhältst du womöglich das schönste Geschenk der Welt zurück:

Einen Menschen, den du täglich zum Lachen bringen darfst, der dir all seine Ängste und Sorgen anvertraut, der Kraft aus dir schöpft, um über seine eigenen Grenzen hinauszuwachsen.

Einen Menschen, der in dir alles sieht, was er braucht. - Und du nicht mehr sein musst, als du (schon) bist.

Reminder:
Dieser Mensch verdient die Welt.
Seine Welt, deine Welt, die ganze Welt.

Reminder[2]:
Auch du bist einer von diesen Menschen:
Dein Wert ist endlos und du verdienst einen Menschen,
der dir das tagtäglich zeigt.
Vertraue.
Vertraue auf andere.
Vertraue auf dich.

Du bist genug. ♡

Tabi

Vertraue auf mich.

Instagram: @tabi358

E-Mail: tabibechtel@gmx.de